EL CARIBÚ

por Rachel Grack

AMICUS | AMICUS INK

Amicus High Interest y Amicus Ink están publicados por Amicus
P.O. Box 1329, Mankato, MN 56002
www.amicuspublishing.us

Información del catálogo de publicaciones de la biblioteca del congreso
Names: Koestler-Grack, Rachel A., 1973- author.
Title: El caribú / by Rachel Grack.
Other titles: Caribou. Spanish
Description: Mankato, MN : Amicus/Amicus Ink, [2019] | Series: Animales norteamericanos | Audience: K to Grade 3. | Includes index.
Identifiers: LCCN 2018002392 | ISBN 9781681516226 (library binding)
Subjects: LCSH: Caribou--Juvenile literature.
Classification: LCC QL737.U55 K63518 2019 | DDC 599.65/8--dc23
LC record available at https://lccn.loc.gov/2018002392

Créditos de imágenes: Contributor Joe Vogan/Alamy cubierta; Aidan Maccormick/Alamy 2, 24; Juergen Ritterbach/Alamy 4–5; Nick Trehearne/Alamy 7; Benjamin Dy, Agency: All Canada Photos/Alamy 8–9; Amichaelbrown/Dreamstime 11; Arndt Sven-Erik, Agency: Arterra Picture Library/Alamy 12–13; Patrick J. Endres/Getty 14–15; yanzommer/ iStock 16; Johner Images/Alamy 19; John Schwieder/Alamy 20–21; GlobalP/iStock 22

Editora: Wendy Dieker
Diseñador: Aubrey Harper
Investigador de fotografía: Holly Young

Impreso en China

HC 10 9 8 7 6 5 4 3 2 1

TABLA DE CONTENIDO

HECHO PARA EL INVIERNO

En el lejano norte de Norteamérica, las **manadas** de grandes ciervos viven en la tierra invernal. Estos ciervos son los caribúes. También son llamados renos. Sus cuerpos están hechos para el invierno.

TIPOS DE CARIBÚ

Hay dos tipos de caribú. La mayoría se llama caribú de tierra estéril. Estos caribúes viven en áreas abiertas. Y **migran** con las estaciones. Algunos son los caribúes de los bosques. Claro que viven en los bosques. Tienden a quedarse en una sola área.

PELAMBRE ESPECIAL

Los caribúes tienen dos capas de pelambre. La capa inferior es gruesa y lanuda. La capa superior tiene pelos largos y huecos. Estas capas mantienen el calor.

Mira esto
Los caribúes son grandes nadadores. Su piel hueca los ayuda a flotar.

9

CORNAMENTAS DE CARIBÚ

Los caribúes tienen enormes **cornamentas**. Están cubiertas por una piel velluda llamada terciopelo. Sus cornamentas se pueden alcanzar los 4 pies (1.2 m). Los caribúes **mudan** de cornamentas cada año. Les crecen nuevas más tarde.

TOROS Y VACAS

Los caribúes son ciervos grandes. Crecen hasta alcanzar los 8 pies de largo (2.4 m). Los machos, o toros, pueden ser dos veces más pesados que las hembras. Las hembras se llaman vacas.

Mira esto

La caribú es la única ciervo hembra que desarrolla cornamenta.

CARIBÚ BEBÉ

Las vacas tienen un **ternero** cada primavera. Los terneros caminan a los pocos minutos después del nacimiento. Al día de edad, ya pueden correr más rápido que una persona. Los terneros desarrollan su primer par de cuernos en otoño.

ALIMENTO FAVORITO

Los caribúes comen muchos **líquenes**. Los líquenes son como hongos diminutos. Crecen en árboles y rocas. Los caribúes también devoran pastos y arbustos. Comen alrededor de 11 libras (5 kg) de alimento por día.

PEZUÑAS ÚTILES

Las pezuñas del caribú son herramientas útiles. Los caribúes las usan para escarbar alimento. Las pezuñas forman bordes afilados en invierno. Estas mantienen las patas firmes en el suelo helado.

Mira esto

Las patas de un caribú hacen clic mientras camina. El chasquido aumenta cuando las manadas están en movimiento.

19

EN MOVIMIENTO

Los caribúes viven en el norte en primavera y verano. En otoño, migran al sur. Encuentran clima más cálido y más alimento.

Las manadas se unen para la migración. Los grupos pueden alcanzar hasta 500,000 caribúes. ¡Regresarán el próximo año!

UNA MIRADA AL CARIBÚ

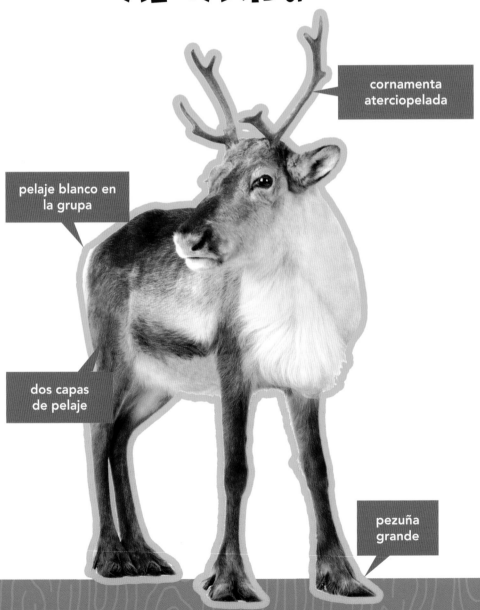

cornamenta aterciopelada

pelaje blanco en la grupa

dos capas de pelaje

pezuña grande

PALABRAS QUE DEBES CONOCER

cornamenta – cuernos grandes, huesudos, ramificados en la cabeza de un ciervo, alce o ante.

liquen – crecimiento parecido a un musgo u hongo que se encuentra en rocas y árboles.

migrar – mudarse de un lugar a otro para encontrar un mejor hábitat, como un clima más cálido o más alimento.

mudar – dejar que algo se caiga para que luego se renueve.

rebaño – un grupo grande de animales que viven juntos.

ternero – un bebé caribú.

ÍNDICE